中国南阳汉画像石大全

第九卷

凌皆兵　王清建　牛天伟　主编

中原出版传媒集团
大地传媒

大象出版社
· 郑州 ·

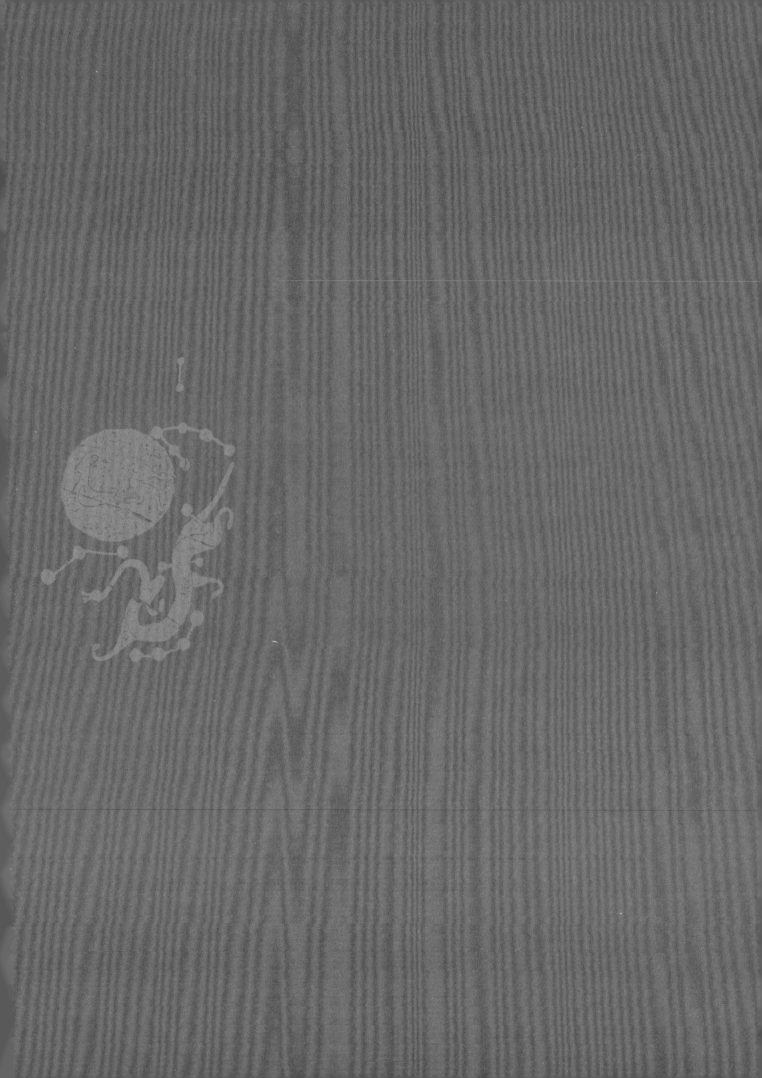

目录

舞乐百戏 /127

卷首语

本卷包括两部分内容：第一部分是征集的散存星宿与神话画像石；第二部分是征集的散存舞乐百戏画像石。

一、星宿与神话

在历史上南阳是一个有名的地方，汉代的"南都""帝乡"在中国的史册上熠熠生辉。汉代的南阳又是一个神秘的地方，8 岁的张衡曾在浩瀚的星空下观星。1977 年，国际小行星中心将永久编号为 1802 号的小行星命名为"张衡星"，这个南阳人的名字从此闪耀太空。

汉代是我国天文学发展的重要时期，南阳汉代星宿与神话画像石记录并保留了汉代天文学方面的成就。作为全国汉画像石集中的四大区域之一，南阳的星宿与神话画像石数量居四大区域之首，这是本区域汉画像石藏品的一大特点。据统计，南阳有关表现星宿、星座、星云的画像石近百块，与星宿有关的嫦娥奔月、河伯出行、阳乌、风伯、雨师、雷公、后羿射日等画像石百余块，成为研究汉代天文学的重要历史资料。

画像石作为汉代墓葬的建筑构件，多出自民间普通工匠之手。星宿与神话画像石的位置，一般位于墓室的盖顶石或过梁石下面，象征天界和仙境。这些画像石，既反映了汉代的天文学水平，也反映了当时人们对许多天象的神学解释，是自然科学与丧葬习俗相融合的产物。天文画像在南阳一带的汉墓中频繁出现，有力地见证了汉代天文知识在这一区域的普及程度之高。也正因为有这样的文化氛围，写出《灵宪》《浑天仪注》等著作的汉代大天文学家张衡出现在南阳也就不足为奇了。

受汉代社会思潮及意识形态的影响，星宿与神话画像石更多传达的是人文方面的信息。天人感应、天人合一思想是汉代社会的主流思想，所以日月合璧、日月同辉出现在墓室中，象征阴阳和谐、夫妇和睦，风伯、雨师、雷公意为祈求风调雨顺，嫦娥奔月则表达了人们对未知神秘世界的好奇、探索和浪漫想象。

现实和想象、已知和未知交会融合于画像石中，这两百余幅神奇瑰丽的汉代历史画面，让人心驰神往。

二、舞乐百戏

汉画像石是我国古代艺术中的一朵奇葩，是古人留给炎黄子孙的珍贵文化遗产。置身于南阳汉画石刻中，我们似乎能听到钟鼓之声铿锵震天，琴瑟之声悠扬缠绵，编磬之声清脆悦耳，笙竽之声响亮欢快，陶埙之声低沉浑厚，可谓古之八音齐奏，五音和鸣，土、石、金、匏、竹、丝，打击、吹奏、弹拨，乐器种类齐备。舞乐百戏表演在音乐的伴奏下徐徐拉开帷幕：来自西域的幻术——口中吐火令人惊愕不已；抛接自如的飞剑、跳丸让人眼花缭乱；在酒樽口沿上单手倒立使人目瞪口呆；轻盈柔美的折腰舞、巾舞，长袖漫卷、纤腰摇曳，观者无不拍案叫绝。盘鼓舞的婉转逶迤、姿态曼妙，让人赏心悦目；劲健有力的男子建鼓舞，令人荡气回肠。

听者如痴如醉其中，观者手舞足蹈忘形，或不知不觉而击掌应节和拍，或按捺不住起身以舞相属。演出场所或于帷幔之厅堂，或于宽敞之院落，或于宽阔之广场，兴而舞蹈，乐而放歌，尽情挥洒。

赵舞四方，燕歌九州，楚声天下……这些往昔一方一地之表演艺术，发展到两汉时期，已经成为汉民族艺术的集大成者。这个时期的艺术，已不再是某种区域性的艺术，而是多元的艺术复合体，是各民族文化的大融合，在碰撞与交流的过程中空前繁荣，并逐渐整合为一种庞杂而独特的百戏艺术。

两汉是我国封建社会的初期发展时期，随着政治稳定、经济富庶，文化艺术也空前繁荣起来。"夫家人有客，尚有倡优奇变之乐。"这个时代的文化艺术，已不再如先秦以前是上层统治阶层的专属，而成为社会更多阶层普遍之拥有。那些千姿百态的舞乐百戏画面，从音乐、舞蹈、杂技等方面真实地再现了两汉时期文化艺术的辉煌成就。

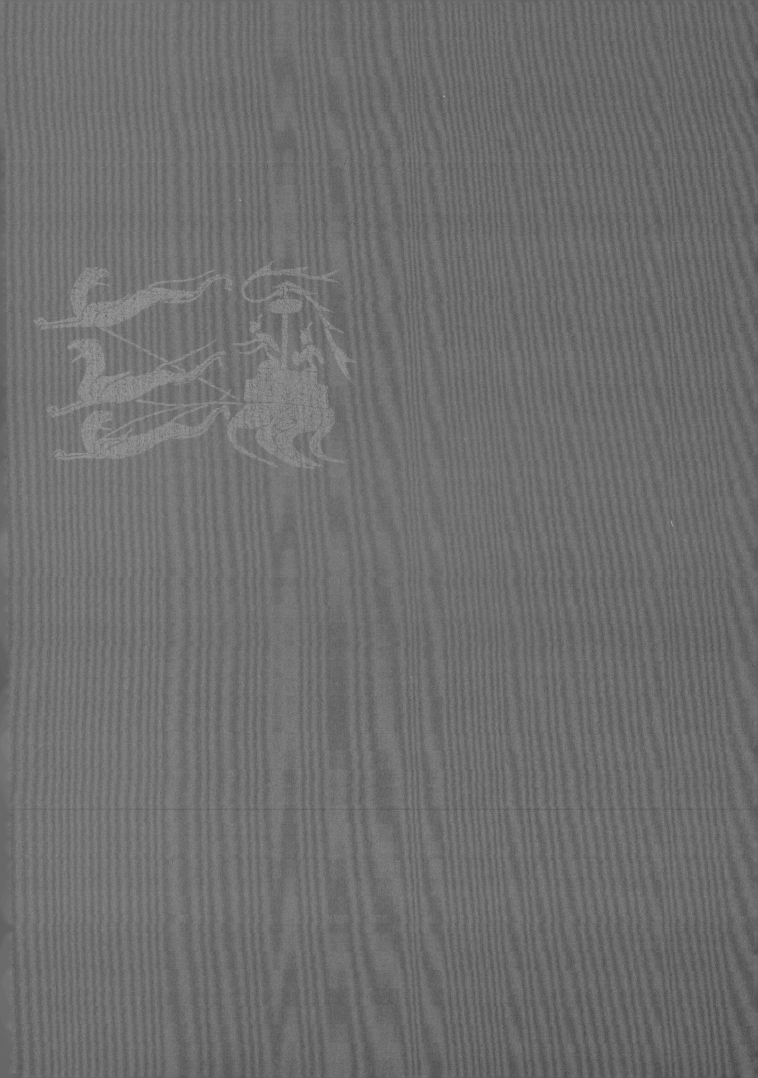

嫦娥奔月

143 cm × 59 cm   征集于南阳市西关

画面左为一圆月，内伏一蟾蜍；右边有一人首蛇身神人侧身向月，似为嫦娥。画间饰云气和星宿。

阳乌

169 cm ×83 cm　　征集于南阳市英庄

画面中刻一大鸟，背负圆轮，表示太阳，当为阳乌。阳乌周围饰以星宿和云气。

日月同辉

183 cm × 32 cm　征集于南阳市

画面左刻一日轮，内有一金乌；右刻一满月，内有一蟾蜍。月前三星相连，日月间有云气缭绕。

牛郎织女星座

188 cm ×51 cm　　征集于南阳市白滩

画面左上方七星环绕，内刻一玉兔，当为毕宿；左下方四星相连，内刻一躬身踞坐女子，当
为织女。中部刻一虎，昂首翘尾，其旁有六星，当为白虎星座。右刻一牧童扬鞭牵牛，当为
牛郎。上有三星相连，当为河鼓星。

苍龙星座

105 cm×150 cm　征集于南阳市蒲山阮堂

画面上刻一满月，内有玉兔、蟾蜍；下刻东宫苍龙星座，由龙头至龙尾共刻有十八颗星。

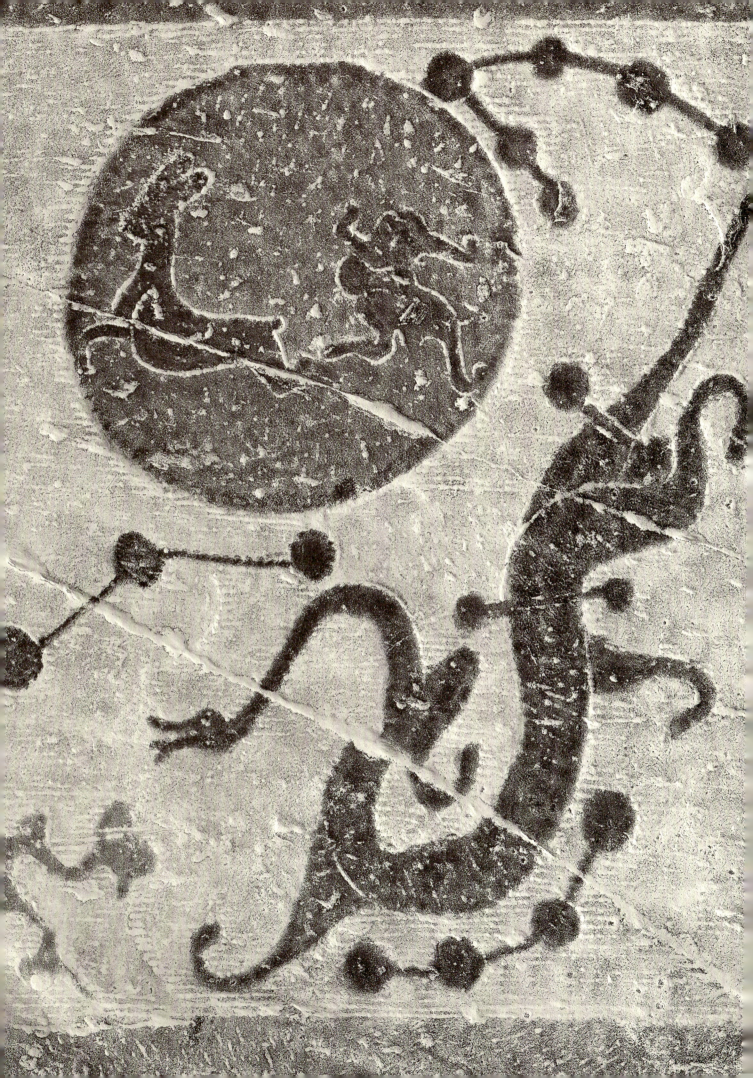

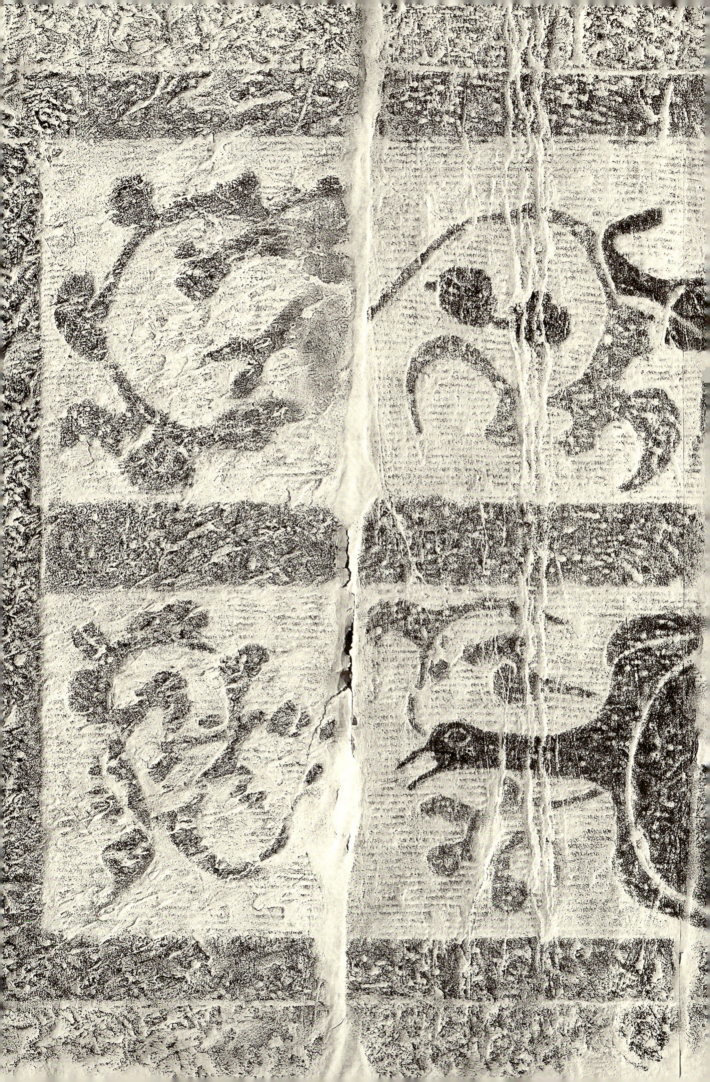

日月合璧·阳乌·苍龙星座·毕宿

283 cm × 141 cm　征集于南阳市东关

画像分上下两格：上面左为苍龙星座；右为毕宿，八星环绕，内刻玉兔。下面左为阳乌，负载日轮飞行；右为一鸟，背负一圆轮，中刻一象征月亮的蟾蜍，似为表示日月重叠的日食现象，古人名之为"日月合璧"。

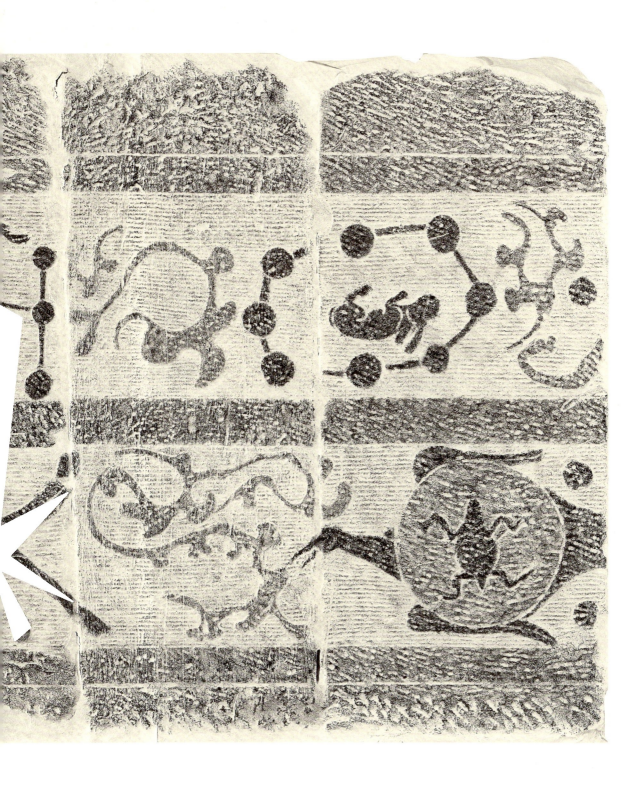

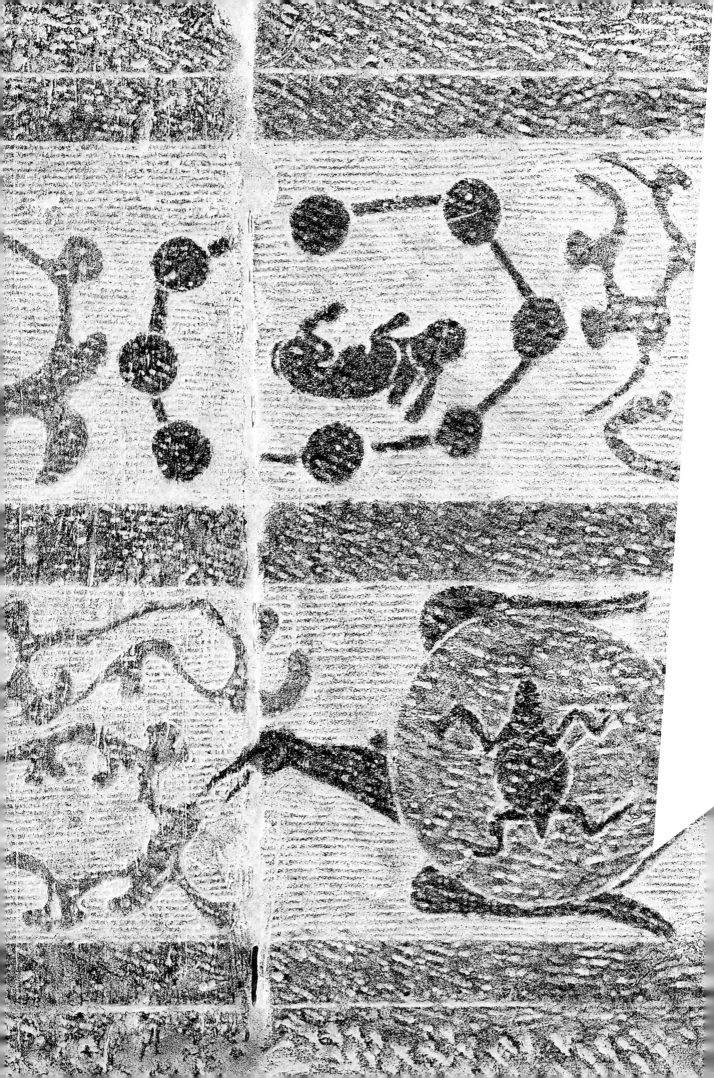

日月同辉

166 cm × 30 cm　征集于南阳市

画面左刻一月轮，内有蟾蜍；右刻一阳乌，背负日轮飞翔。

阳乌

103 cm×31 cm　征集于南阳市

画面左刻似为一阳乌，因残缺仅留尾羽部分；中有云气缭绕；右刻一阳乌，背负日轮，日轮
下部及阳乌尾羽残损。

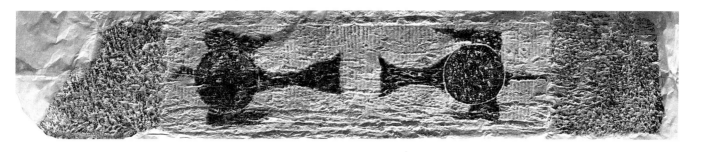

阳乌

166 cm × 33 cm　征集于南阳市

画面左右均刻一象征太阳的阳乌，两者背向而飞。

阳乌

178 cm × 30 cm　征集于南阳市英庄

画中刻一阳乌，展翅飞翔。阳乌下侧羽翼残损。

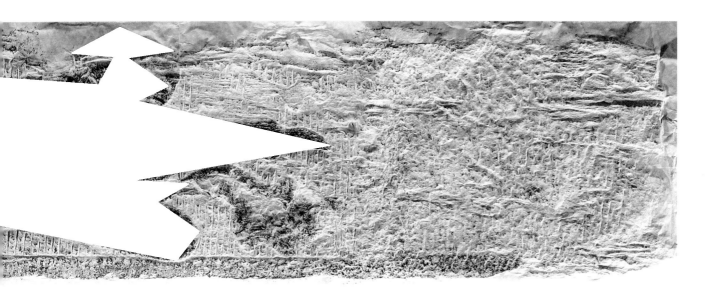

日月同辉

193 cm × 33 cm   征集于南阳市桑园路

画面左刻一大鸟负圆月，内有蟾蜍；右刻一阳乌。两鸟同向而飞。

月轮

159 cm × 30 cm　征集于南阳市

画面中刻一月轮，内有一蟾蜍。月轮外饰云气。

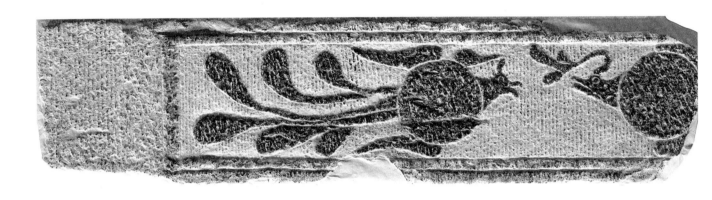

阳乌

156 cm × 24 cm　征集于南阳市一中

画面中刻两只阳乌，皆背一日轮，相向而飞。右边阳乌后部残缺。

画面中刻一阳乌，展翅飞翔。

阳乌

112 cm × 29 cm　征集于南阳市英庄

画面中刻一阳乌，展翅飞翔。

画面中刻两只阳乌。第一只头部残缺，背负日轮，内刻一阳乌；第二只背负月轮，内刻一蟾蜍。

日月同辉

159 cm × 31 cm   征集于南阳市

画面中刻两只阳乌。第一只头部残缺，背负日轮，内刻一阳乌；第二只背负月轮，内刻一蟾蜍。

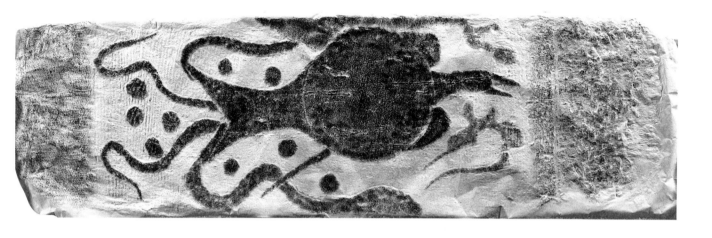

阳乌·星宿

162 cm × 48 cm　征集于南阳市

画面中刻一阳乌，展翅翱翔。阳乌后部点缀有九颗星。画中饰云气。

三首神人·螺神·星宿

173 cm ×55 cm　　征集于南阳市十里铺

画面左刻一二首神人，中刻一三首神人，并有四星连线成菱形，右刻一轮状大螺。画面中饰有星宿和云气。

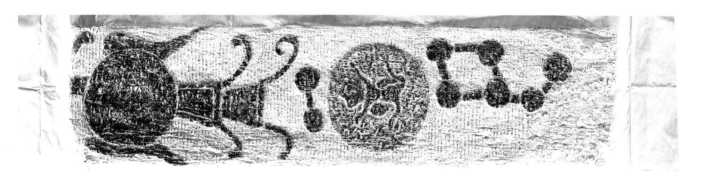

日月同辉

212 cm × 30 cm 征集于南阳市

画面左刻一阳乌，头部残损；中刻二星相连，二星后刻一满月，内有一蟾蜍；右刻六星相连。

双鹤·星云

179 cm ×43 cm　　征集于南阳市景庄

画面中刻双鹤，一鹤伸颈翱翔，一鹤曲颈回首相迎。画间饰有星宿和云气。

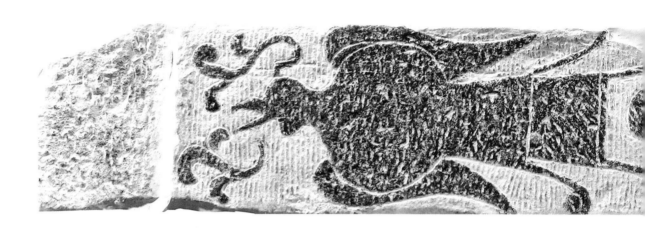

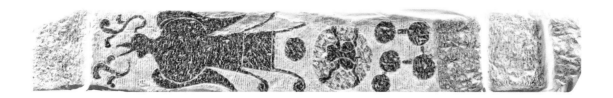

画面左刻一阳乌，右刻一内有蟾蜍的月轮，月轮两侧饰有星宿。

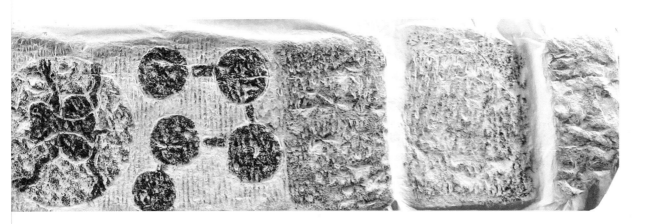

日月星宿

195 cm ×25 cm   征集于南阳市

画面左刻一阳乌，右刻一内有蟾蜍的月轮，月轮两侧饰有星宿。

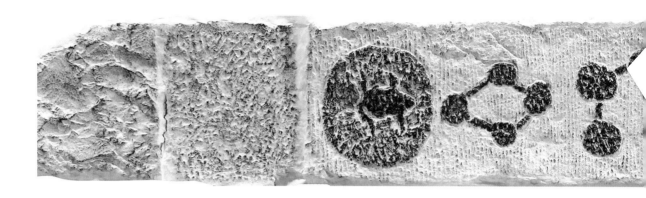

日月星宿

223 cm × 29 cm　征集于南阳市

画面左刻一内有蟾蜍的月轮，右刻一阳乌，中间饰有星宿，前由四星相连，后由六星相连。

画面左刻一阳乌；右刻一满月，内有一蟾蜍，月轮两侧皆刻五星相连。

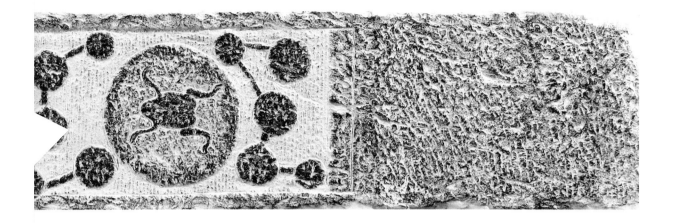

日月星宿

216 cm × 33 cm　征集于南阳市

画面左刻一阳乌；右刻一满月，内有一蟾蜍，月轮两侧皆刻五星相连。

日月星宿

225 cm ×28 cm　征集于南阳市

（上图）画面左刻一阳乌，展翅飞翔，右刻一内有蟾蜍的月轮，中间饰有七星相连的星宿。

日月星宿

214 cm ×25 cm　征集于南阳市

（下图）画面左刻一阳乌，背负日轮，阳乌后刻七星，为六星环绕一星。中刻月轮，内有一蟾蜍，后有三星竖排。画右刻一仙人，头梳发髻，后拖长尾。

日月星宿

240 cm ×28 cm 　征集于南阳市石桥

画面左刻一阳乌，展翅飞翔，中间刻一月轮，右刻六星相连。

日月星宿

180 cm ×28 cm   征集于南阳市

画面左刻一月轮，内刻一蟾蜍；右刻一阳乌，背负日轮。日月之间刻有八星相连和三星相连
的星宿。

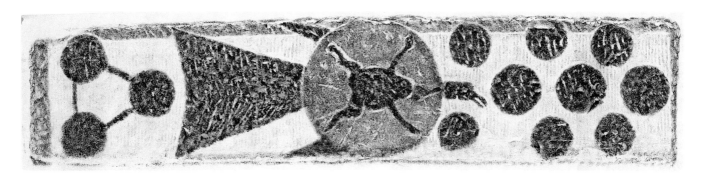

日月合璧

133 cm × 30 cm　征集于南阳市茹楼村（已调拨河南博物院）

画面中刻一阳乌，背负一月轮，月轮中刻一蟾蜍，似为日食天象的反映，古人谓之"日月合璧"。画左三星相连成三角形，画右散刻九星。

日月星宿

154 cm × 49 cm　征集于南阳市（已调拨河南博物院）

画面左刻月轮，内有蟾蜍；画右刻阳乌（头部残损），背负日轮。画间星宿密布。

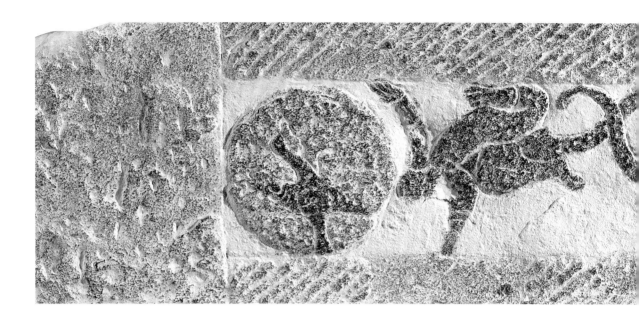

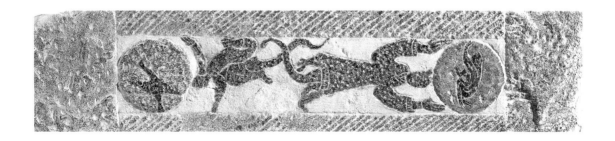

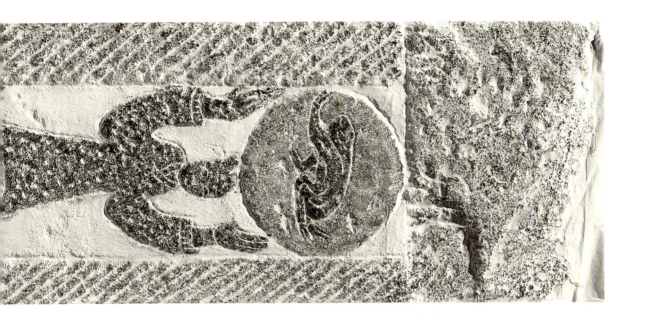

伏羲举日·女娲举月

207 cm × 47 cm　征集于南阳市唐河县湖阳镇新店村

画面刻二人首蛇躯神人，尾相交。左侧手举日轮者为伏羲，右侧手举月轮者为女娲。

白虎星座

121 cm × 60 cm　　征集于南阳市（已调拨河南博物院）

画面左刻三星横连、三星纵连；画面右刻一虎张口奋足奔走，虎身下散布三星。画间云气缭绕。

女娲

37 cm×140 cm　征集于南阳市

画中为女娲，人首蛇躯，头梳高髻，上身着襦，下垂曲尾，手持仙草。画面中饰有云气。

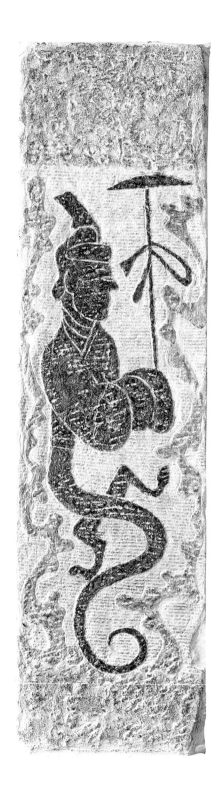

伏羲

46 cm × 165 cm　　征集于南阳市

画面中刻伏羲，人首蛇躯，上身着襦，手持华盖。画面中饰有云气。

女娲捧月

35 cm ×91 cm　征集于南阳市社旗县

画中为女娲，人首蛇躯，头梳高髻，上身着襦，双手捧一满月，月内刻蟾蜍。

伏羲举日

33 cm×119 cm　征集于南阳市

画中为伏羲，人首蛇躯，头梳发髻，上身着襦，下垂曲尾，双手捧举内有金乌的日轮。

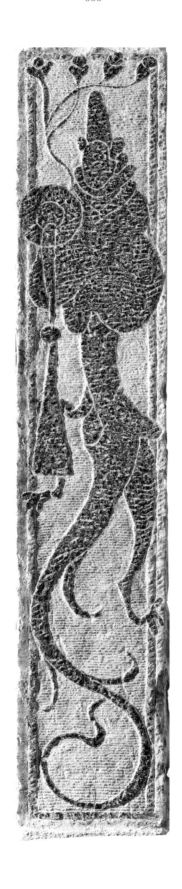

女娲捧璧

32 cm×161 cm　征集于南阳市七孔桥

画中刻女娲，人首蛇尾，头梳高髻，下垂曲尾，手持三珠树和玉璧，玉璧下垂有流苏。

女娲

33 cm × 149 cm　征集于南阳市英庄

画中刻女娲，人首蛇尾；下刻一人，扬右手执女娲尾。

伏羲

34 cm × 137 cm　征集于南阳市

画中刻伏羲，人首蛇躯，上身着襦，手持华盖，侧身而立。

女娲举月

193 cm ×25 cm　　征集于南阳市唐河县湖阳镇新店村

画面左为女娲举月，月中有蟾蜍；画面右为一日轮，日中有飞鸟。

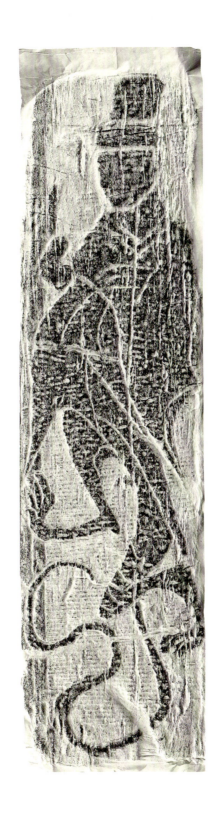

伏羲

30 cm×110 cm   征集于南阳市

画面中刻伏羲，人首蛇躯，头梳发髻，上身着襦，侧身而立。

伏羲女娲

32 cm×95 cm　　征集于南阳市五中

画面为伏羲、女娲，皆人首蛇躯，相向共持一仙草，下垂曲尾相交。

伏羲

42 cm × 112 cm　征集于南阳市一中

画面中为伏羲，头梳高髻，上身着襦，拱手，举首观望。

女娲

33 cm ×160 cm　　征集于南阳市南关三皇庙

画中刻女娲，人首蛇躯，头梳高髻，上身着襦，手执仙草。女娲蛇躯上有斑驳的花纹。

女娲

21 cm × 147 cm　征集于南阳市西门内叶家大院（南阳市五道庙）

画中刻女娲，人首蛇躯，头梳高髻，双手执灵芝。画中饰云气。该石拓片曾被鲁迅先生收藏。

女娲

33 cm × 137 cm　　征集于南阳市永泰小区

画中刻女娲，人首蛇躯，头梳发髻，上身着襦，下垂曲尾，双手执曲柄华盖。

伏羲

32 cm×123 cm　征集于南阳市

画中刻伏羲，人首蛇躯，头梳发髻，上身着襦，双手执华盖，侧身而立。

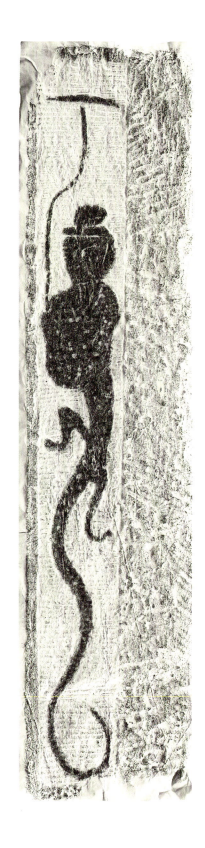

伏羲

33 cm ×138 cm　征集于南阳市永泰小区

画中刻伏羲，人首蛇躯，头梳发髻，上身着襦，下垂曲尾，双手执曲柄华盖。

画面中刻女娲，人首蛇躯，头梳发髻，上身着襦，双手执一不明物，侧身而立。

伏羲

33 cm × 155 cm　征集于南阳市

画面中刻女娲，人首蛇躯，头梳发髻，上身着襦，双手执一不明物，侧身而立。

伏羲

32 cm×128 cm　征集于南阳市

画面中刻伏羲，人首蛇躯，头戴冠，上身着襦，双手执灵芝，侧身而立。

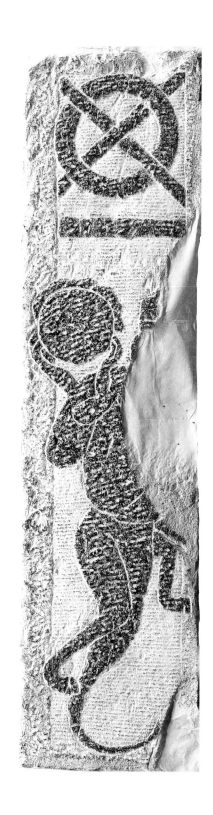

女娲捧月

32 cm × 128 cm   征集于南阳市景庄

画面中刻女娲，人首蛇躯，双手捧月，头部残缺。上部刻一十字穿环图案。

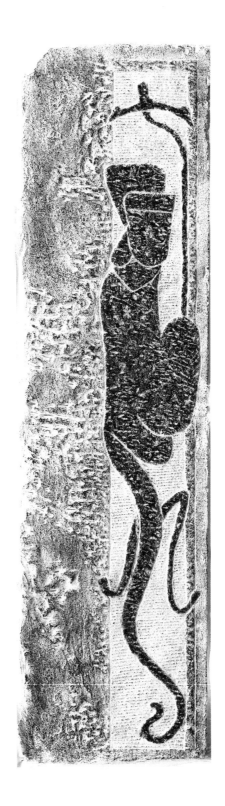

伏羲

36 cm × 120 cm　征集于南阳市邢营

画面中刻伏羲，人首蛇躯，戴冠，上身着襦，手执华盖。

画面中刻女娲，人首蛇躯，手执华盖。该石拓片曾被鲁迅先生收藏。

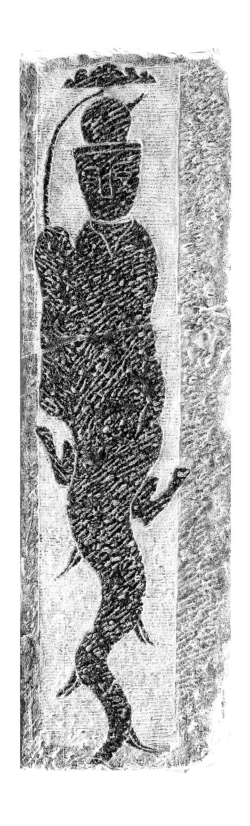

女娲

44 cm×129 cm　征集于南阳市

画面中刻女娲，人首蛇躯，手执华盖。该石拓片曾被鲁迅先生收藏。

女娲

20 cm ×146 cm　征集于南阳市七孔桥

画面中刻女娲，人首蛇躯，头梳高髻，上身着襦，双手执三珠树。

女娲

34 cm × 138 cm　征集于南阳市

画面中刻女娲，头梳高髻，双手执华盖，侧身而立。

画面中刻伏羲，人首蛇躯，头戴冠，上身着襦，双手执华盖，侧身而立。

伏羲

32 cm×122 cm　　征集于南阳市

画面中刻伏羲，人首蛇躯，头戴冠，上身着襦，双手执华盖，侧身而立。

伏羲女娲

33 cm ×128 cm　征集于南阳市宛城区王府

画面中刻伏羲与女娲，人首蛇躯，长尾相交。下刻一神龟。

伏羲

30 cm×112 cm　征集于南阳市

画面中刻伏羲，人首蛇躯，头梳发髻，上身着襦，双手执灵芝，侧身而立。

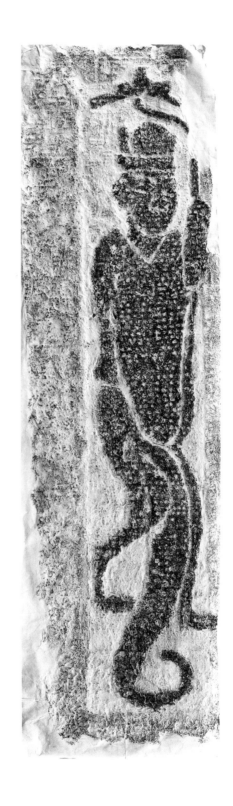

伏羲

32 cm ×110 cm　征集于南阳市

画面中刻伏羲，人首蛇躯，头梳发髻，上身着襦，双手执灵芝，侧身而立。

伏羲

29 cm×150 cm 征集于南阳市七里园

画面中刻伏羲，人首蛇躯，上身着襦，手执华盖。

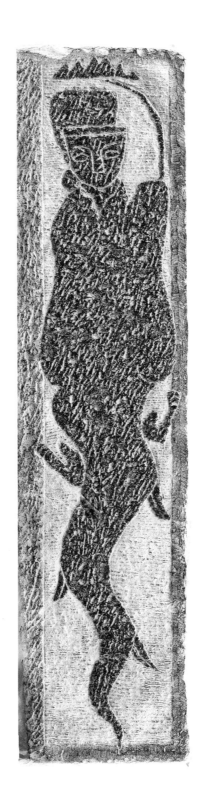

伏羲

35 cm ×128 cm　征集于南阳市

画面中刻伏羲，人首蛇躯，头戴冠，上身着襦，双手执灵芝。

伏羲

25 cm×127 cm　征集于南阳市宛城区袁庄

画面中刻伏羲，人首蛇躯，戴冠着襦，双手执华盖。

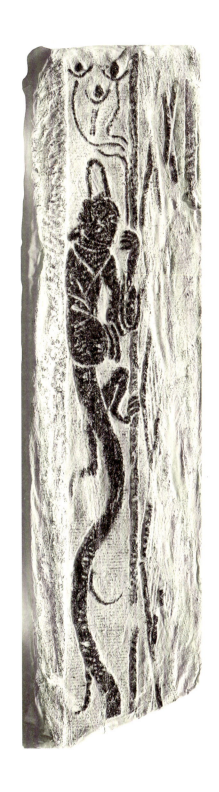

女娲

31 cm×116 cm　征集于南阳市

画面中刻女娲，人首蛇躯，头梳发髻，上身着襦，双手执三珠树，侧身而立。

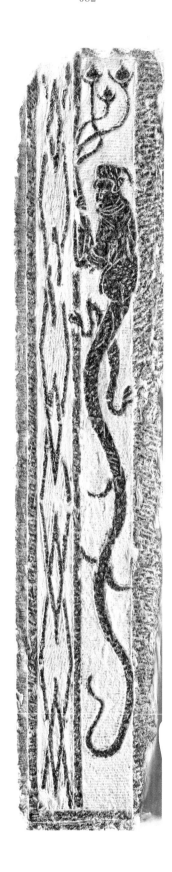

伏羲

36 cm ×148 cm　征集于南阳市七孔桥

画面左刻菱形套连图案；右刻伏羲，人首蛇躯，双手执三珠树。

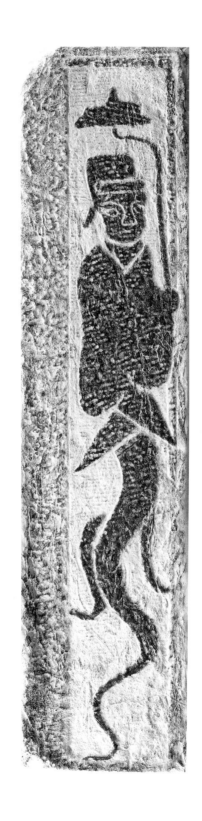

伏羲

33 cm × 139 cm　　征集于南阳市十里庙

画面中刻伏羲，人首蛇躯，头戴冠，上身着襦，双手执华盖，侧身而立。

伏羲

31 cm ×138 cm　征集于南阳市

画面中刻伏羲，人首蛇躯，头戴冠，上身着襦，双手执华盖，侧身而立。

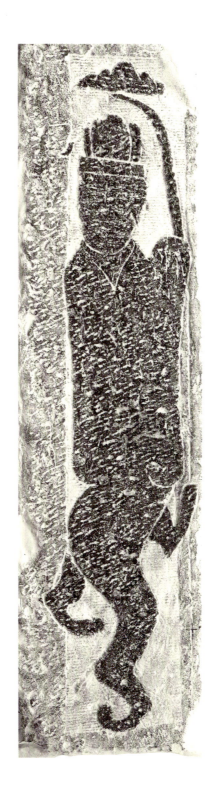

伏羲

33 cm×121 cm　征集于南阳市

画面中刻伏羲，人首蛇躯，头梳发髻，上身着襦，双手执灵芝，侧身而立。

女娲

37 cm × 162 cm　征集于南阳市

画面中刻女娲，人首蛇躯，头梳高髻，上身着襦，双手执三珠树，侧身而立。

画面中刻伏羲，人首蛇躯，头梳发髻，上身着襦，双手执灵芝，侧身而立。

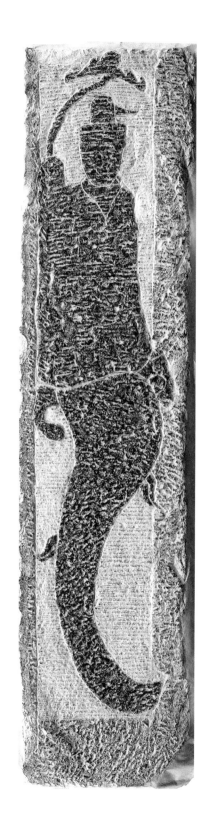

伏羲

30 ㎝ ×128 ㎝　征集于南阳市

画面中刻伏羲，人首蛇躯，头梳发髻，上身着襦，双手执灵芝，侧身而立。

伏羲

34 cm ×118 cm　征集于南阳市

画面中刻伏羲，人首蛇躯，头梳发髻，上身着襦，双手执灵芝，侧身而立。

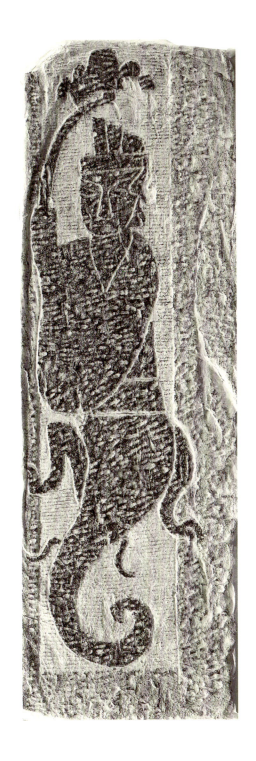

伏羲

42 cm ×115 cm　征集于南阳市

画面中刻伏羲，人首蛇躯，头梳发髻，上身着襦，双手执灵芝，侧身而立。

伏羲

33 cm ×116 cm　征集于南阳市

画面中刻伏羲，人首蛇躯，头梳发髻，上身着襦，双手执灵芝，侧身而立。

画面上刻一满月；下刻伏羲，人首蛇躯，上身着襦，双手执灵芝，侧身而立。画中饰有云气。

伏羲

32 cm ×162 cm　征集于南阳市

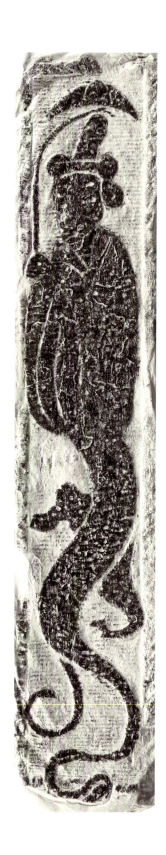

女娲

27 cm ×128 cm　征集于南阳市岗寨（四里岗）

画面中刻女娲，人首蛇躯，头梳高髻，手执灵芝。

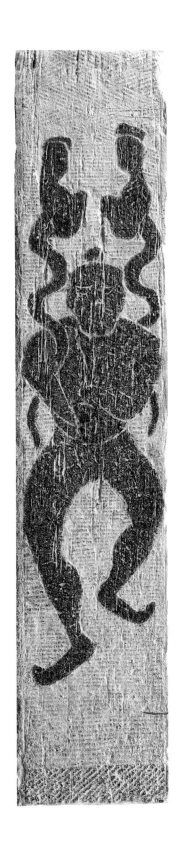

伏羲女娲·神人

32 cm×150 cm　征集于南阳市

画面刻三人，下部一神人赤身裸体，双臂搂住伏羲和女娲。伏羲、女娲皆人首蛇躯，下垂曲
尾于神人怀中。

女娲

32 cm×123 cm　征集于南阳市

画面中刻女娲，人首蛇躯，头梳高髻，上身着襦，双手执华盖，侧身而立。

伏羲

34 cm×113 cm 征集于南阳市

画面中刻伏羲，人首蛇躯，头梳发髻，上身着襦，双手执华盖，侧身而立。

女娲

19 cm ×132 cm　征集于南阳市

画面中刻女娲，人首蛇躯，头梳高髻，双手执三珠树。

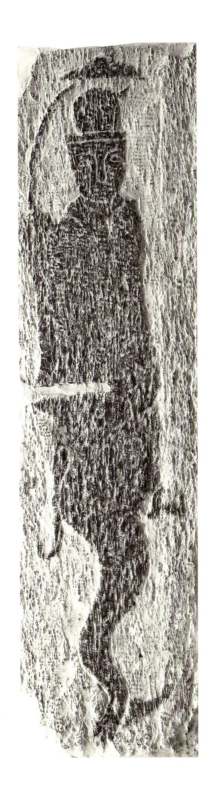

伏羲

23 cm×121 cm 征集于南阳市

画面中刻伏羲，人首蛇躯，头梳发髻，上身着襦，双手执灵芝，侧身而立。

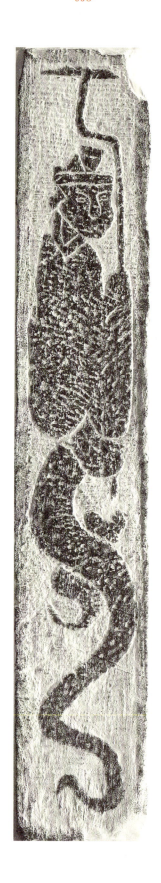

女娲

22 cm ×128 cm　征集于南阳市

画面中刻女娲，人首蛇躯，手执华盖。

画面中刻伏羲（女娲），人首蛇躯，上身着襦，双手执华盖，侧身而立。头部画像被人为凿掉。

伏羲（女娲）

33 cm ×98 cm   征集于南阳市

画面中刻伏羲（女娲），人首蛇躯，上身着襦，双手执华盖，侧身而立。头部画像被人为凿掉。

画面上刻一熊；下刻一人首蛇躯神人，双手捧举月轮，当为月神女娲。

女娲举月

29 cm × 149 cm　征集于南阳市

画面上刻一熊；下刻一人首蛇躯神人，双手捧举月轮，当为月神女娲。

画面中刻伏羲，人首蛇躯，头戴冠，上身着襦，双手执华盖，侧身而立。

伏羲

32 cm × 98 cm   征集于南阳市

画面中刻伏羲，人首蛇躯，头戴冠，上身着襦，双手执华盖，侧身而立。

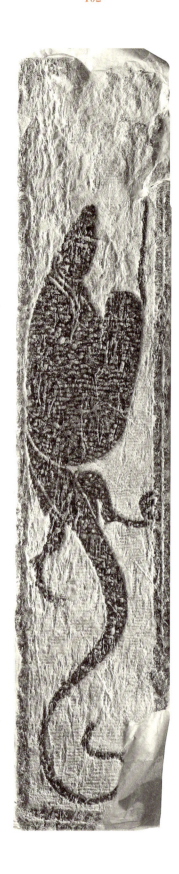

女娲

30 ㎝ ×148 ㎝　征集于南阳市

画面中刻女娲，人首蛇躯，头梳高髻，上身着襦，双手执华盖（残缺），侧身而立。

女娲捧月

28 cm × 150 cm　征集于南阳市

画面上刻一熊；下刻一人首蛇躯神人，双手捧举月轮，当为月神女娲。

女娲

33 cm × 133 cm　征集于南阳市

画面中刻女娲，人首蛇躯，头梳高髻，上身着襦，双手执灵芝，侧身而立。

画面中刻女娲，人首蛇躯，头梳高髻，上身着襦，双手执灵芝，侧身而立。

女娲

36 cm × 126 cm   征集于南阳市

画面中刻女娲，人首蛇躯，头梳高髻，上身着襦，双手执灵芝，侧身而立。

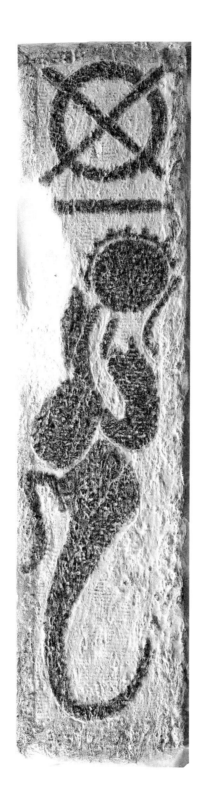

伏羲捧日

33 cm × 128 cm　征集于南阳市景庄

画面中刻人首蛇躯的伏羲（残缺），手捧日轮；上部刻十字穿环图案。

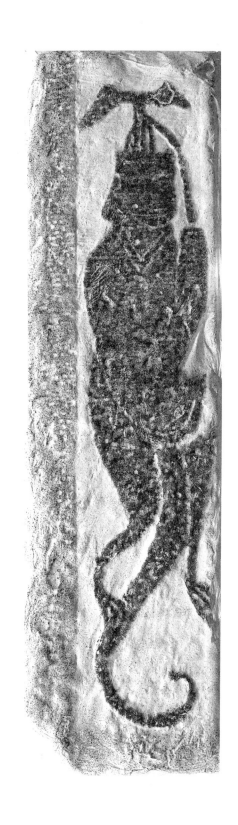

伏羲

33 cm × 121 cm　征集于南阳市

画面中刻伏羲，人首蛇躯，头梳高髻，上身着襦，双手执灵芝，侧身而立。

月神·双首怪兽

177 cm ×33 cm　征集于南阳市

画面左刻一月轮，其下一人首蛇躯神人，后拖曲尾，作飞翔状，似为月神；中刻一人身蛇尾者与之侧身相对，拱手胸前，作拜谒状；右刻一双首长颈怪兽。

虎车雷公

168 cm × 78 cm　征集于南阳市英庄

画像刻三只有翼之虎挽驾云车，车舆内竖大鼓，上饰有羽葆。车上乘坐二人，皆肩生双翼，其一为驭者，另一为雷公。

河伯出行

147 cm × 42 cm　　征集于南阳市

画面左刻一象；中间刻一熊一虎相斗；右刻河伯乘车出行，车前有三鱼牵引。画中饰有云气。
上方有三角形纹。

羿射十日

32 cm×158 cm　征集于南阳市

画面中刻一树，有枝无叶，树上栖三鸟，树下一人，弯腰仰面拉弓，射树上之鸟，似为"羿射十日"神话故事。

西王母东王公

35 cm × 128 cm　征集于南阳市熊营

画面上刻一乘鹿仙人，其下刻一凤鸟；中间刻西王母和东王公坐于豆盘形悬圃之上；下刻玉兔捣药。

西王母

129 cm × 41 cm　征集于南阳市茹楼村

画面左刻西王母侧面端坐；中刻一仙人，背生羽毛，手执仙草面向西王母；右刻玉兔捣药。

画面左刻一三首神人，身如覆钟，三颈顶端各有一戴冠人首；中刻一人首龙身之神；右上刻一盘旋状大螺。画间饰有云气。

三首神人·螺神

159 cm×58 cm   征集于南阳市邢营

画面左刻一三首神人，身如覆钟，三颈顶端各有一戴冠人首；中刻一人首龙身之神；右上刻一盘旋状大螺。画间饰有云气。

西王母
112 cm × 56 cm　征集于南阳市英庄

画面中刻西王母，戴胜坐于悬圃上；两羽人各手持一株仙草，面向西王母侧立左右。左上刻
一人首蛇躯神人，右上角饰云气。

牛首神人

61 ㎝ × 126 ㎝　征集于南阳市金汉丰商场

画面刻一高大魁梧的神人，面部似牛，头戴山形冠，马步站立，其左手所握之物似蛇，展示出神人顶天立地的非凡气度。

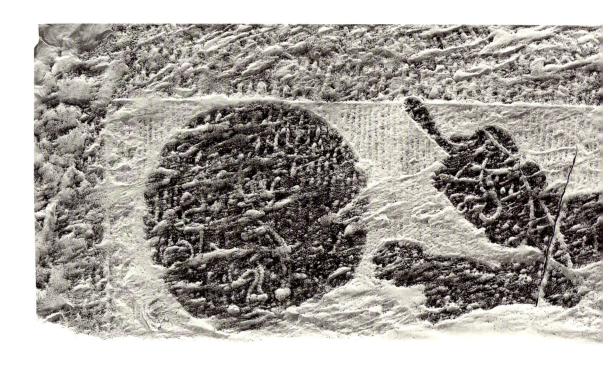

嫦娥奔月

167 cm×45 cm　征集于南阳市英庄

画面左刻一圆轮；右刻一人物，人首蛇身，头梳高髻，侧身飞翔，似为嫦娥。

人面鸟·人面虎

112 cm × 42 cm　征集于南阳市茹楼村（已调拨河南博物院）

画面左刻一人面鸟，右刻一人面虎。画间饰云气。

羿射十日

32 cm×160 cm　征集于南阳市（已调拨河南博物院）

画面刻一擎天大树，疑为太阳神树扶桑；树下一人为后羿（残缺），正弯弓拉弦，仰身射树
上的两只象征太阳的鸟。

赏乐

137 cm × 37 cm　征集于南阳市

画中左一人作观望聆听状，右三人分别吹排箫摇鼗鼓。上方框刻三角形纹。

画面中有五人。左二人于一建鼓两侧分别挥动鼓槌敲击建鼓，建鼓左右两边分别下悬一只小
鼓。右三人，有两人边吹奏排箫边举摇鼗鼓，一人执笙（竽）而吹。

鼓乐

130 cm×40 cm   征集于南阳市

画面中有五人。左二人于一建鼓两侧分别挥动鼓槌敲击建鼓，建鼓左右两边分别下悬一只小
鼓。右三人，有两人边吹奏排箫边举摇鼗鼓，一人执笙（竽）而吹。

舞乐百戏

120 cm × 29 cm   征集于南阳市

画面左刻三人，一女子纵身跳跃双臂舞动长袖，一男子裸露上体伸右臂耍弄一壶，左手摇动一鼗鼓，另一女子单手倒立，另一只手托端一碗；右刻奏乐者五人，一人弹琴，二人边吹排箫边摇举鼗鼓，一人捧埙而吹，一人击铙。上下边框分别刻三角形纹与斜条纹。

画中共刻四人，其中一人鼓瑟，一人合掌讴歌（或吹埙），一人弹琴，一人头戴面具身佩长剑挥动手臂。戴面具人身后放置一物似鼓。

舞乐

138 cm × 45 cm　征集于南阳市阮堂

画中共刻四人，其中一人鼓瑟，一人合掌讴歌（或吹埙），一人弹琴，一人头戴面具身佩长剑挥动手臂。戴面具人身后放置一物似鼓。

建鼓舞

122 cm ×40 cm　征集于南阳市石桥镇东关

画中刻一建鼓，鼓下方有基座，鼓上有羽葆，建鼓两侧分别立有一物，物上各放置一小鼓。
建鼓两边有二人，身着紧身舞蹈衣，扭身跨步舞动鼓槌敲击建鼓。

舞乐百戏

134 cm×44 cm　征集于南阳市东关

画中共刻七人。左二人，均踞坐于地，合掌于胸前，似在击掌合节；中四人，一人执槌击鼓，一人击筑，一人单手倒立于酒樽之上，一人挥举长袖踏跳于脚下三鼓之上；右一人，着短裤，袒露上体，作滑稽状。

舞乐百戏

167 cm×40 cm   征集于南阳市

画中刻七人。两人在一建鼓两侧，边击鼓边舞蹈；两人一手持排箫而吹，一手举摇鼗鼓；一
人捧埙而吹；一人单手倒立于酒樽之上；一人伸右臂耍坛作滑稽状。主体形象上方刻饰有垂
幔纹。画面上下方分别雕刻三角形纹与斜条纹。

舞乐百戏

162 cm × 42 cm　征集于南阳市英庄

画中共刻七人。左三人中，一人赤裸上体跨步作滑稽状，另二人着长袖舞衣翩跹对舞；右四人中，一人吹竽，一人吹埙，另二人面对面共击一鼓。人物上方有垂幔纹。画面上下分别雕刻三角形纹和斜条纹。

鼓舞乐

193 cm×36 cm 征集于南阳市

画中共刻有三人。左二人持鼓桴分别于一建鼓两侧且鼓且舞,建鼓两边分别下悬一小鼓;右
一人,右手持排箫而吹,左手似持举一旗状物。人物旁放置两只提梁壶和一个酒樽。

舞乐百戏

132 cm ×48 cm　征集于南阳市

画中共有五人。左一人似在吹排箫；一人手持鼓桴敲击面前之鼓；中一舞者，脚踩踏于两鼓之间而舒展长袖起舞；又一舞蹈者，身躯纤细，双手合掌，作金鸡独立状；右一伎人，单手倒立于酒樽之上，另一手托一碗。画像漫漶较甚。

鼓乐

132 cm×48 cm   征集于南阳市蒲山

画中刻有四人，其中二人分别在一建鼓左右两侧边击鼓边扭动躯体舞蹈；另二人一人持箫吹奏并摇动鼗鼓，另一人捧埙而吹。

跽坐观舞

142 cm × 39 cm   征集于南阳市

画中刻男女两尊长者席地跽坐，一女子举长袖起舞，一男子身体后倾抬左腿作滑稽状，男子
身旁放置一酒樽。

鼓舞乐

167 cm × 41 cm 征集于南阳市石桥镇东关

画中刻五人，其中建鼓两侧二人，一人边舞蹈边用膝盖击打建鼓旁的小鼓，一人或用鼓桴敲击建鼓，或用脚尖击打建鼓旁的小鼓；其余三人，二人吹排箫且摇鼗鼓，一人捧埙而吹。上刻三角形纹。

舞乐百戏

144 cm × 41 cm　征集于南阳市石桥镇东关

画中共刻六人。左一人抚琴，一人合掌于胸前，一人持桴敲击面前的小鼓，一俳优作滑稽状，一伎者单手倒立于酒樽上，另一手翻腕托一碗于手心，右一着长袖舞者边舞蹈边用双足踩踏脚下之两小鼓。上方有垂幔纹。上边框刻三角形纹。

舞乐百戏

258 cm × 45 cm   征集于南阳市西郊

画中共十人。一人作樽上倒立，一人身前置剑单腿跪地挥手臂而舞，一人持长巾踏鼓而舞，
一人鼓瑟，一人合掌似在讴歌，二人执桴敲击面前小鼓，三人站立作合掌讴歌状。三人两旁
各放置一个盛酒用的器具。下边框刻连续的菱形纹。

冲狭

135 cm × 40 cm   征集于南阳市一中

画中共六人。左一人踞坐,双手合于口下,似在吹奏乐器。中二人于一火圈前后,一人身躯前倾,脚掌未稳,衣带飘飘,为刚刚钻跃火狭状;另一人刚刚纵身跃起,头前身后冲向火狭。右三人均作踞坐状,一人敲击地上一鼓,一人捧埙吹奏,一人观望。人物上方有垂幔纹,图上框为三角形纹。

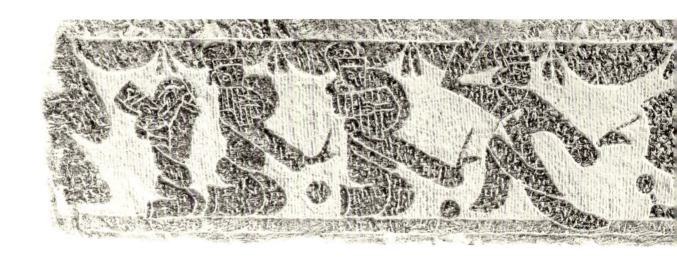

舞乐百戏

237 cm × 40 cm   征集于南阳市

该画场面宏大，上有九人分别在进行歌舞杂耍表演。左四人，一人站立（石残，仅存部分形象），一人吹奏排箫，二人边吹排箫边执鼓槌敲击身前小鼓；中二人于一建鼓两侧边舞动身躯边击打建鼓；右三人，一人戴面具袒露上体下蹲并双手抛弄四丸（球），一人舒展长袖踏鼓而舞，一人作樽上倒立状。人物上方有垂幔纹。

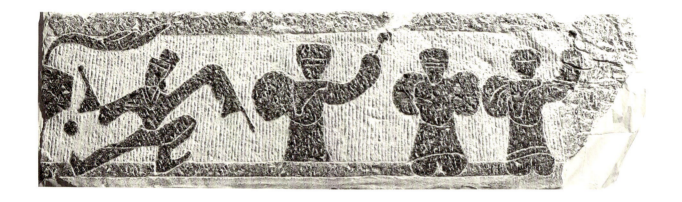

鼓舞乐

146 cm × 40 cm　征集于南阳市

画中四人。一人于建鼓之一端舞动身躯，挥动鼓槌，边击鼓边舞蹈。另三人，二人边执排箫
吹奏边举摇鼗鼓，另一人捧埙吹奏。

画中三人。左一人，头戴冠，身着长袍，边吹排箫边举摇鼗鼓；另二人于一建鼓两侧，或侧

鼓舞乐

147 cm × 37 cm　征集于南阳市第二人民医院

画中三人。左一人，头戴冠，身着长袍，边吹排箫边举摇鼗鼓；另二人于一建鼓两侧，或侧
身鼓舞，或跃身鼓舞。

鼓舞乐

148 cm × 40 cm　征集于南阳市

画中四人。二人于建鼓两侧，或回身舞动挥臂击鼓，或跨步向前敲打鼓面；另二人站立，边
执排箫吹奏边举摇鼗鼓。建鼓两边下端分别悬挂一小鼓。

奏乐

114 cm×40 cm 征集于南阳市

画中四人踞坐。一人双手抬于下颌，一人手执似筝短形物，一人一手执长条形物，一手举于
耳边，另一人双手捧埙吹奏。人物上方为垂幔纹，上方框为三角形纹。

鼓舞乐

160 cm × 40 cm　征集于南阳市

画中共六人。左二人跽坐，侧身作观赏状。中二人于一建鼓两侧，身姿相同，方向相反，在挥扬长袖舞动身躯中欲击鼓。右二人，一人手执一物于胸前，其前放置一个酒樽；一人端坐，其上方有一不明物。上方框为三角形纹。

鼓舞乐

130 cm × 40 cm　征集于南阳市

画左一人（残缺）着长袍站立，手执一物于口下方（似在吹排箫），人物旁放置一酒樽。右二人于一建鼓两侧边鼓边舞。建鼓下承基座，鼓上端羽葆飘扬，鼓左右下端分别悬挂一鞞鼓，鼓身饰有花纹。

舞乐

88 cm ×40 cm　征集于南阳市

画中四人。左二人踞坐，一人残缺，一人似手执笙（竽）吹奏。右二人，一舞者左手收袖于手，
右手甩动长袖，抬腿回首起舞；另一人袒露上体，曲腿作滑稽状。人物间饰有流动的云气纹。

鼓舞乐

157 cm×58 cm　征集于南阳市妇幼保健院

画中为一建鼓，鼓下有硕大基座，基座一端图像难识，鼓上植有羽葆。鼓两侧共有三人，左二人吹排箫，右一人着短襦，执鼓槌边击鼓边舞蹈。

鼓舞乐

162 cm × 41 cm   征集于南阳市

画中共五人。左一人侧立，手抬举于口前；中二人边吹排箫边举摇鼗鼓；右二人于建鼓两侧边鼓边舞，建鼓两边侧下方为悬挂的鼙鼓。鼓舞二人中，一人身穿长袖衣，另一人长腰带随人体舞动而飘动。上方框为三角形纹。

鼓舞观赏

231 cm × 46 cm　征集于南阳市

画中四人，左二人于建鼓两侧边鼓边舞；右二人，一人舒长袖舞蹈，一人跽坐观赏鼓舞。

鼓舞乐

163 cm ×40 cm　征集于南阳市

画中共五人。左二人于建鼓两侧挥动鼓槌，边击鼓边舞蹈；右三人跽坐，一人吹埙，二人执排箫而吹。

舞乐百戏

190 cm ×42 cm　征集于南阳市

画中共七人。左一人挥动长袖起舞作跳跃回首状，一人大腹便便跃步作滑稽状，一人单手倒
立于樽上，右四人踞坐作观赏状。上方框为三角形纹。

舞乐百戏

154 cm×42 cm　征集于南阳市

画中共六人。左一人跳跃舞动，一人单手倒立于酒樽上，一人作滑稽状，一人似持桴击鼓；
右二人跽坐作观赏状。人物上方有垂幔纹。上方框为三角形纹。

舞乐百戏

211 cm × 44 cm　征集于南阳市

画中共六人。左起一人舒展长袖，一人手持一物作挥动状，一人转动躯体起舞，一人袒露上
体跨步舞动手臂且一手摇动鼗鼓；右二人踞坐观赏。人物上方有垂幔纹。上方框为三角形纹。

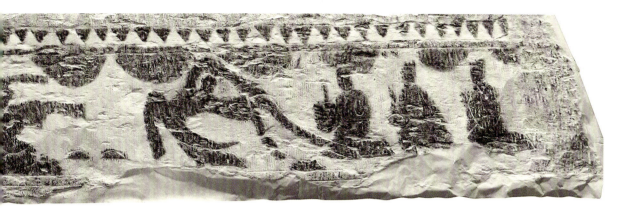

舞乐百戏

327 cm × 44 cm   征集于南阳市景庄

画中共九人。左一人踞坐，前有一酒樽（食案），一侍者一手持棒一手举摇便面（扇子）为其服侍。一人踞坐执桴敲击身前小鼓。二人踞坐于一虎形基座之建鼓两侧，挥动长袖边舞动边击鼓。一人舒展长袖跳跃于三个覆盘之上。右三人，侧身踞坐，其中二人手中执形似笏之物。人物上方有垂幔纹。上方框为三角形纹。

舞乐百戏

253 cm × 40 cm　征集于南阳市

画中人物众多。中有四人，或执桴击鼓，或挥扬长袖，或弹奏琴瑟；两边众人，或立或踞坐作观听舞乐状，或窃窃私语。人物上方刻有垂幔纹。上方框刻三角形纹。

建鼓舞

141 cm×38 cm　征集于南阳市

画中二人（一人头部残），着长襦，束腰，于一建鼓两侧边击鼓边舞动身躯。鼓两边各悬挂
一鞞鼓，画右为一壶。

建鼓舞

163 cm ×48 cm　征集于南阳市

画中共四人。左右两边各有一人，踞坐作观望状；中二人，着长襦，腰束带，于建鼓两侧边击打建鼓边舞动身躯。

鼓舞乐

144 cm × 33 cm　征集于南阳市

画中左二人踞坐吹排箫；中二人，一人身材矮小，挥动长巾而舞，另一人（残缺）踞坐执桴
敲鼓；右二人似为主人，正襟危坐。人物上方饰有垂幔纹。

鼓舞乐

150 cm ×42 cm　征集于南阳市

画中左二人于建鼓两侧一边挥动鼓槌敲打建鼓，一边跳动身躯舞蹈。建鼓两侧下端各悬挂一小鼓，顶端饰有羽葆。右三人，二人正面立，一人侧面立。

舞乐

146 cm × 42 cm　征集于南阳市

画中共四人。一人踞坐，双手执长板状物；一人着长襦，蹲屈身，双臂挥扬长袖舞蹈；一人一手伸前，一手搭于耳侧；一人扬举手臂，一手执桴敲击身前小鼓。人物上方有垂幔纹。上方框为三角形纹。

鼓舞乐

185 cm×42 cm   征集于南阳市

画中共六人。左四踞坐者，三人边吹排箫边摇鼗鼓，一人捧埙而吹；右二人，于一建鼓两侧
或立而击鼓，或跳跃舞蹈中击打建鼓，建鼓上方饰有羽葆。上方刻三角形纹。

鼓舞乐

147 cm × 41 cm　征集于南阳市朱王桥

画中左二人，头戴冠，身着长襦，分别于建鼓两侧边挥动鼓桴击打建鼓边转动身躯舞蹈。右三人，均头戴冠、身着长袍，其中二人正面立吹奏排箫，一人侧立。下刻菱形套连图案。

舞乐百戏

170 cm ×41 cm　征集于南阳市邢营

画中刻九人。左二人相对作私语状；中五人，分别吹排箫摇鼗鼓、吹埙、吹笙（竽）、击钟；
右二人于建鼓两侧边舞蹈边击鼓。钟为镈钟，悬挂于钟架之上；建鼓下有基座，上饰羽葆。
上方刻三角形纹。

鼓舞乐

138 cm ×37 cm　征集于南阳市

画中四人，一人捧埙吹奏，一人边吹排箫边摇鼗鼓，另二人于一建鼓两侧边舞蹈边击鼓。建鼓上饰有羽葆。

鼓舞乐

155 cm×35 cm   征集于南阳市

（原石左似残缺）画中有七人，均跽坐于地。左二人似为尊长者；中二人跽坐于一建鼓两侧挥扬鼓桴敲击建鼓；右三人，有二人边吹排箫边摇鼗鼓。建鼓两侧上方为两只小鼓，建鼓上饰有羽葆。画上下框分别饰三角形纹与斜条纹。

鼓舞乐

156 cm × 41 cm　征集于南阳市

画中有六人。左一人手持似笏之物作躬身拜见状；中四人，二人边吹奏排箫边摇举鼗鼓，二人捧埙吹奏；右一人蹲身伸臂，边击打建鼓（右边残缺）边舞动身躯。上方框为三角形纹。

建鼓舞

128 cm ×38 cm　　征集于南阳市东冉营

画中建鼓上植羽葆，下承基座，基座两侧又各有一鼗鼓，二人于建鼓左右两侧挥动手臂，舞动身躯，边击鼓边舞蹈。画四边有框，上方为三角形纹。

"许阿瞿" 观赏童戏 · 舞乐百戏

111 cm × 71 cm　征集于南阳市李相公庄

画像分上下两格。上格左面一小孩身穿长襦，侧面坐于榻上，榻前摆放一案，案上有饮食器具。榻后一仆人手执便面（扇子）站立，小孩的面前阴刻"许阿瞿"三字。画像右面是三个头梳双髻、赤身着护阴（三角裤头）的儿童，均面向"许阿瞿"作奔走状。其中前者玩一鸟，鸟从手中飞出；中者牵拉一鸠车；后者执鞭赶鸠车。画像上面有帷幔装饰。下格是舞乐百戏场面。左起第一人为男性，面右站立，抱一盘状乐器伴奏；第二人为一男子，赤裸上身，单腿跪地，挥舞双臂，飞剑跳丸；第三人为一女伎，头梳双髻，挥舞长袖，足踏盘鼓而舞，地上放置四盘两鼓；第四人为一鼓瑟女性；最右面一男性踞坐吹排箫。右上角有帷幔。画像左边又阴刻六竖行共一百三十六字的隶书铭文，其中有些字漫漶不能辨识，具体如下："惟汉建宁，号政三年，三月戊午，甲寅中旬，痛哉可哀，许阿瞿身，年甫五岁，去离世荣。遂就长夜，不见日星，神灵独处，下归窈冥，永与家绝，岂复望颜。谒见先祖，念子营营，三增仗火，皆往吊亲，瞿不识之，啼泣东西，久乃随逐（逝），当时复迁。父之与母，感□□□，□壬五月，不□晚甘。羸劣瘦□，投财连（联）篇（翩），冀子长哉，□□□□，□□□此，□□土尘，立起□埽，以快往人。""建宁"为东汉灵帝的年号，建宁三年即公元 170 年。铭文记述了墓主人"许阿瞿"年仅五岁就不幸夭折的情况和家人对死者的悼词。

舞乐百戏

152 cm × 40 cm　征集于南阳市

画中共八人。左三人，一人吹埙，一人穿短裤，裸露上体挥臂伸舌作滑稽状，一人挥扬长袖舞蹈。中一建鼓，鼓座低矮，有二人踞坐于鼓两侧，分别执鼓槌敲击鼓面。右三人，一人边吹排箫边摇鼗鼓，一人吹埙，一人吹排箫。人物上方刻垂幔纹，上下方框分别为三角形纹与斜条纹。

鼓舞乐

110 cm × 41 cm 征集于南阳市石桥

画中左一人戴冠，着长衣，扭动身躯挥举鼓桴边击鼓（鼓残缺）边舞蹈；右一人戴冠，着宽袖长衣，双手执排箫而吹。

鼓舞乐

152 cm × 39 cm　征集于南阳市

画中左一人，身体前倾，身前下方为一酒樽。中有二人，分别于一建鼓两侧边击鼓边舞蹈，
姿势相反。右二人，一人吹排箫摇鼗鼓，一人手抬举于口部，二人左边放置一酒樽。建鼓下
方两边各悬挂一小鼓，上方饰长羽葆。

右上方为垂幔纹。上方框为三角形纹。

鼓舞乐

150 cm×41 cm　　征集于南阳市

画中左一人踞坐而观；中二人，踞坐于一低矮基座之建鼓两侧，挥动鼓桴敲击建鼓，鼓上端饰有羽葆，一侧有一小鼓；右四人，二人吹排箫摇鼗鼓，一人捧埙吹奏，一人侧身踞坐而观。右上方为垂幔纹。上方框为三角形纹。

鼓舞乐

113 cm ×56 cm　征集于南阳市唐河县上屯

画中左二人于一建鼓两侧挥动鼓槌舞动身躯敲击鼓面；右一人袒露上身，一手摇鼗鼓。建鼓
基座为虎形，竖鼓之杆较长。

奏乐

130 ㎝ × 56 ㎝　征集于南阳市唐河县上屯

画中左一人踞坐于地，执鼓槌击打地上一小鼓，一人抚琴弹拨，一人捧埙吹奏；右二人边吹
排箫边摇鼗鼓。框下方为垂幔纹。

赏乐

225 cm×38 cm　征集于南阳市

画中一尊长者，凭几踞坐（一说弹琴）；其他六人，一人执鼓槌击鼓，二人弹奏箜篌，一人捧埙吹奏，另二人边吹排箫边摇鼗鼓。人物上方为垂幔纹。上框为三角形纹。

赏乐

122 cm × 39 cm　征集于南阳市

画左三人踞坐，最左者右手抬举于耳；画右三人均站立，右手执排箫吹奏，左手摇鼗鼓（左
者的鼗鼓残缺）。人物上方垂幔相连。

鼓舞乐

134 cm × 42 cm   征集于南阳市

画中左二人戴冠，着长袍，边吹排箫边摇鼗鼓；右二人于一建鼓两侧挥动鼓槌边击鼓边舞蹈。
画上方垂幔相连。上框为三角形纹。

鼓舞乐

129 cm × 40 cm　征集于南阳市

画中一建鼓两侧，二人着紧身长襦，边执鼓槌敲击建鼓边舞动身躯起舞；左站立二人，一手执箫而吹，一手摇举鼗鼓。建鼓下有基座，鼓上端饰有羽葆。人物间放置三个酒樽。下方框为斜条纹。

鼓舞乐

138 cm × 44 cm　征集于南阳市

画中左三人，手臂上抬举于口边，似在吹奏乐器（因原石自然风化已不可辨识是何乐器）。
右一建鼓饰羽葆，建鼓两侧，二人边舞动身躯舞蹈边执槌敲击建鼓。上方饰垂幔纹。上方框
为三角形纹。

鼓舞乐

161 cm ×38 cm   征集于南阳市

画中共六人。画左建鼓两侧，一人扭身回首敲击建鼓，一人跨步向前执槌击鼓；右四人，二
人边吹排箫边摇鼗鼓，一人吹埙，一人执鼓槌敲击地上一小鼓。人物上方饰有垂幔。

舞乐百戏

130 cm×39 cm　征集于南阳市七孔桥

画面左刻二女子相向倒立于酒樽之上；中刻三人，一人大跨步舞动手臂，一人迈步甩动长袖，另一人拨动琴弦；右刻二人，均手执鼓槌敲击面前之鼓。人物之间置放有三只提梁壶、两个酒樽。左上方刻有垂幔纹。

舞乐百戏

161 cm × 42 cm　征集于南阳市

画左一人踞坐观赏，一人弹琴；中一人袒露上体，手持长巾作滑稽戏耍与舞蹈状，其身后有一小鼓；右二人，一人举臂抬腿作金鸡独立状，一人身着长襦，双手挥动长巾而舞，在其左右两侧放置三个小鼓。人物上方垂幔相连。下框刻菱形套连图案。

鼓舞乐

150 cm × 37 cm　征集于南阳市

画中建鼓两侧二人，头戴冠，着长襦，面对鼓边击打边舞蹈。鼓下承虎形基座，鼓立杆贯穿
上方鼓框。右三人踞坐，分别执排箫而吹，其中一人执摇鼗鼓。上方与左边框刻有垂幔纹。

画中有七人。左二人于一建鼓两侧边击鼓边舞；右五人，二人边吹排箫边摇鼗鼓，一人吹埙，
二人跽坐。人物上方垂幔相连。上框为三角形纹。

鼓舞乐

170 cm × 42 cm　征集于南阳市

画中共十二人。中一建鼓，有二人跽坐而执鼓槌击鼓；其余十人分列左右两侧，或执鼓槌敲击小鼓，或吹排箫摇鼗鼓，或吹埙，或跽坐聆听与观赏。人物上方垂幔相连，上框为三角形纹，下框为斜条纹。

鼓乐

242 cm × 42 cm　征集于南阳市金汉丰商场

画中共十二人。中一建鼓，有二人跽坐而执鼓槌击鼓；其余十人分列左右两侧，或执鼓槌敲击小鼓，或吹排箫摇鼗鼓，或吹埙，或跽坐聆听与观赏。人物上方垂幔相连，上框为三角形纹，下框为斜条纹。

舞乐百戏

210 cm × 40 cm　征集于南阳市

画中共十一人。左五人，一人形象因石残不全，一人侧立，一人持棒站立，一尊长者踞坐于榻上，另一人双手执笏面向尊长者作拜见状。中一建鼓二鼓员，二鼓员踞坐于鼓两侧挥动鼓槌击鼓；鼓下为虎形基座，上饰羽葆。右四人，二人边吹排箫边摇鼗鼓，一人捧埙吹奏，一人翩跹起舞。上下框分别刻饰三角形纹与斜条纹。

跽坐观舞

176 cm × 40 cm　征集于南阳市

画中左三人，一尊者着长衣坐于高榻之上，另二人均袒露上体跽坐于席上。中二艺人，一人边长袖起舞边跳跃于两盘之上，另一人一手托举一碗作樽上倒立。右四人，均跽坐，一人鼓琴（瑟），一人手持棒状物（或竖琴？），二人作观赏状。右边人物中间置放一酒樽，樽上可见酒勺。

鼓乐

148 cm × 40 cm　征集于南阳市东关

画中一建鼓，鼓两侧各有一人，均着束腰长襦，边击鼓边舞蹈。右一人站立，边吹排箫边摇鼗鼓。建鼓两侧各悬挂一鼗鼓。上方垂幔相连。

画中左二人跽坐而观，右二人分别于虎形基座的建鼓两侧边舞蹈边敲击建鼓。

鼓舞观赏

158 cm ×37 cm　征集于南阳市

画中左二人跽坐而观，右二人分别于虎形基座的建鼓两侧边舞蹈边敲击建鼓。

鼓舞乐

165 cm ×43 cm　征集于南阳市药材市场

画中一建鼓，鼓身下端两边分别悬挂一鼓，鼓顶饰有羽葆，鼓两侧有二舞者，舞姿统一，左右对称，边舞边击鼓。另有三人分立舞者两边，边吹排箫边摇鼗鼓。上方框为三角形纹。

画中建鼓两侧有二人，或跨步转身舞动，或蹲腿挥臂扭动身躯边舞边击鼓。鼓顶饰有羽葆，下端悬挂两只小鼓。右一人，正面踞坐，此人当是尊长者，在观赏建鼓舞。下方框为斜条纹。

建鼓舞

147 cm×38 cm　征集于南阳市

画中建鼓两侧有二人，或跨步转身舞动，或蹲腿挥臂扭动身躯边舞边击鼓。鼓顶饰有羽葆，下端悬挂两只小鼓。右一人，正面踞坐，此人当是尊长者，在观赏建鼓舞。下方框为斜条纹。

舞乐百戏

148 cm × 47 cm　征集于南阳市石桥镇鄂城寺（已调拨河南博物院）

画面左刻二人击鼓。中刻一人作长袖舞状，一人倒立，一人为俳优（身残）。右刻四人，其中两人跨步，双手执桴共击一建鼓，鼓身上饰羽葆，置于一虎形座上，鼓旁还各置一小鼓；左上一人一手执排箫，一手摇鼗鼓，右上一人在吹奏乐器。

画左二人击建鼓，边击鼓边舞；右三人吹乐器伴奏。

鼓舞乐

117 cm × 33 cm　征集于南阳市（已调拨河南博物院）

画左二人击建鼓，边击鼓边舞；右三人吹乐器伴奏。

舞乐百戏·宴饮·车骑出行

175 cm ×75 cm　征集于南阳市沙岗店（已调拨河南博物院）

画面分上下两层。上层左边为舞乐百戏表演场景，左二人执桴击鼓，中一人席地而坐，右二人在表演节目，其一踏鼓而舞，其一伸臂弄壶；右边为二人对坐饮酒，二人中间置一圆盘，盘上放数个耳环，有一人端盘侍立。下层为车骑出行，二车二骑，左边有一人躬身站立迎接。

舞乐百戏

166 cm × 42 cm　征集于南阳市英庄

画左一人，袒露上体，单腿跪地，一手上举，一手掐腰，作滑稽状；中二人，一人手托一碗，倒立于酒樽之上，一人扭动身躯甩举长袖作舞蹈状；右二人跽坐，其中一人执鼓桴敲击身前小鼓。人物上方有垂幔纹。上方框与左框为三角形纹。